JN408809

무지개 차를 마시며

송경희 시집

청옥

시인의 말

소리 없는 파문이 일렁인다.
파도로 다가오는 바람 소리
두려움과 설렘이 담긴
비의 색깔을 동반한다.
나비처럼 날아오르고픈
의미 있는 윤슬
스며들 듯 마음에 피는 꽃

저기
미동조차 않는 나무도 흔들린다.
바람 부는 날
바람을 타고 능선을 오른다.
덜 여문 낱알마저 부추겨 세우는 열망이
먼 시선
낯선 첫걸음
무지개 배경 바라보며
부끄럽게 비추이는 거울이 긴장한다.

따뜻한 겨울차를 마시고 싶다.

2017년 겨울에
송경희

차례

제1부 가방

제2부 무지개 차를 마시며

제3부 숲속 향기

제4부 카메라

제1부 가방

가방

양지쪽 쑥과 개망초가
길가에 싹을 틔우고
오랜만에
나를 가꾸어줄 설렘
새 창을 연다

새봄 신상이 나왔다
백화점 진열대에 놓인
저문 겨울 지나 마중 나온 모습
부동자세로 짓눌려
싸늘한 시선
수없이 옮겨 스쳐 지나갔을 가방
종이로 가득 채워진 속을 꺼내
필수품을 넣어줄 공간을 본다

봄이 오는 길목으로
가벼이 떠나는 외출

가벼움을 꿈꾸다

아픈 발목을 끌며
흐르는 별에게 안부를 묻는다
까만 창으로 깜박이던 조명은
시동 거는 술잔에 떠있다
눈꺼풀 아래로 중력이 빠져나간다
가로막힌 어둔 벽이 걸어 나온다
거리감이 어디만큼인지 이마가 뜨거워진다
졸고 있는 바다 끝을 접어보아도
숱한 파도들이 몰려든다
뒤집히며 깨어나는 문자가
무방비로 손등 위에 떨어진다
허리를 유연하게 돌리며
바람 사이를 떠다닌다
별을 깨워 출구를 찾는다
센서가 바뀌는 방향 따라
고갯짓을 하는 어둠이다
눈물이 날개를 달고
단풍나무 등 뒤로 순간 이동한다

가슴에 엉킨 기억은
땅으로 흩어지는 순간
비눗방울 튀어 오른다

가을 노래

물든 단풍잎이
나에게 말을 걸었다
황금빛 선율 속으로
나비 군무를 이루며

저 하늘 너머
구름이 넘나드는 설악산처럼
가눌 길 없는 팽팽한 열망 뒤
단풍잎의 조바심
잎새의 단조로 출렁거리고

길을 따라 앞으로 걸어가는 코스모스
바람에 실려오는 향기 무게
황홀한 떨림의 곡조는
설레는 마음으로 되살아나는 벌판이 되어
제 빛깔로 말을 건넸다

양철 지붕 볕 갈바람에
날개 단 노래가 펄럭였다

가을 이명

따리를 틀고 앉은 갈색 바람은
머리 손질을 어지럽힌다
기차 바퀴는 이명을 안고
둑길 아래로 구른다
샛별을 등진
소리 없는 벽이 어깨를 친다
등에 업힌 코스모스가
배경화면에 뜬다
벌판은
뿌리칠 수 없는 지축만 울린다
귀에 걸린 무릎이 힘든 하루를 버틴다
흔들의자가 그림자를 밟고
수다를 떨자
바람에 빗장이 헐거워진다
핸들이 꺾일 때마다
모퉁이를 돌아 나온 굉음이
붉은 화를 낸다
바람은 내 귀에 함께 산다

감은사지

빈 절터 빛바랜 역사가 숨 쉬네
과거를 간직한 숨결
돌무더기 뚜껑 열린 조각들
새로운 생명 뿜어
되짚어 못다 산 시간 풀어내네

침묵하는 햇살 부서지고
어둠에 쌓인 단단한 향기 드러내고
꽃바람 불러일으키던 하늘 초원
동서로 마주 선 사내
수문장처럼
낮과 밤을 관통하며 흐르네

강을 건너다

별 한쪽 끝에 누워
선잠 깨어 강물을 만난 순간
흘러가는 시간을 탄
너를 보았다

혹독한 짧은 길 변하지 않아
창밖을 메운 안개 한나절

사월 꽃바람 몸부림이 다가왔다
벚꽃이 바람결에 나뒹굴고
하루가 멀다고 외치던 병상 아래 바람은
물방울 소용돌이 되어

거울

전생에
물가를 맴도는 고추잠자리처럼
그대 떠나지 못하는 바람이었다

대숲 같은 빗줄기 몰아쳐
눈먼 기억 저 편 뒤진다
푸른 물 날개에 날아오르는 나비
봄 하늘이고 싶었는데

갈잎의 낮은 속삭임
흔들리는 시간을 접어
종이학을 타는 바람의 얼굴
엿보고 있다

겨울나무

가지 사이를 가로지르던 스산한 바람은
껍질 속을 헤쳐 들지 못하고
눈물로 참고 견뎌온
기둥을 흔들어 잠을 깨운다

비탈에 서서 흔들리던 시간
그늘을 덮은 산자락 모퉁이마다
손바닥을 내보이는 봄은
아직 얼굴이 부끄럽다

실개천 호흡이 내 귓전에 맴돌고
전율로 멎어버릴 심장에
더운 피가 빠르게 오른다

싹이 돋고 잎이 피고 꽃이 열리고
빛으로 몸을 장식하면서
머물렀다 가야 하는 겨울 위에서
이제 겨울나무는
오래된 옷을 벗는다

그리움

가시 바람에 부대끼며
목쉰 울음 토하는 갈대
까닭도 없이 물가에 쌓이네
싸한 물결에
시퍼렇게 멍들어있는
차마 바라보기 힘든 하늘가

물든 고운 길섶에 머문 낙엽은
뒹구는 바람에 절로 흔들리고
늦가을 찾아가는 그대의 뜰 안
거친 바람 지우기 위해
차라리 눈을 감을까
바스락거리는 한숨 자국
아스라이 이마에 내려앉네

그림자 사랑

그대 걸음을 뗄 때마다
곁에 서성이고 있습니다
긴 꼬리 흔들며
말없이 떠나가는 그대
파문 그리듯 항상
낮과 밤에 밀물 져 눕습니다
품은 말 한마디
시원하게 토하고 싶어요
그래요 당신이 필요해요
그대 그늘을 덮고 있긴 하지만요
그대 있어야 내가 사는 이유
눈감고 흘러가는 시간 실타래 같아
가슴에 갈증을 더하는 숨소리
어딘가로 날아가 보고 싶지만
내 남은 시간 모두를 걸고
다시 눈을 뜨는 벌판 저 햇빛
눈물 설움으로 녹아내리며
가슴 깊이깊이 묻습니다

기차를 타다

러닝머신을 타는 헤비메탈
거친 호흡을 뭉개며
귓전을 때린다

창밖으로 보이는 길
길게 반짝이는 꼬물거림으로
막무가내 어리광 짓을 알린다

밤이슬 풀잎 눈물이 되기 전에
놓아주어야 할
가슴 깊이 흐르는 별

떠나면 속 시원하냐고
손목을 잡은 숨을 고른 목소리
아니 아니 저절로 고개 흔든다

쌓이는 이야기는 끝도 없는데
떠나는 기차 텅 빈자리에
떠다니는 이별과 만남이 교차한다

나비의 여행

깃털로 바람 따라가는 길
비행기 차창으로 내다보이는
구름 밖에 꿈을 싣고
붕새가 되어 날아간다
바람꽃 향기 맡으며
숨 막힌 수레바퀴에서 도피하여
한뎃잠이 들었다

지독한 안갯속으로
문득 낯선 바람이
온몸을 흔들며 바다 깊이 내몰렸다
침묵의 긴 끝
추락하는 데는 가슴이 필요치 않다
당당한 날갯짓으로 머뭇거리지 않고
마침표 찍듯 두 발 내딛는
새로운 경험

나비로 몸 바꿔 꿈을 긁어모아
더 큰 창을 만든다

낙엽 생각

지난여름 동안
하얀 도화지 속에 숨어 살았던 보석
언제부턴가 하나씩 새겨 온
숱한 나뭇잎들은
떠밀리듯 색동옷으로 갈아입고
산자락마다
산행을 재촉하는 물결을 이뤘네

점점 깊어가는 가을 하늘 담아
길섶에 섰을 때
단풍잎은 사람들로 멀미하다
가을비 눈물 속에
먼 길을 떠나고 있네

손짓하던 말문은 닫히고
흐느끼는 고르지 못한 호흡 속
바람의 손놀림 피해
땅속 깊이 사랑을 내리려는가

낙타

거친 사막을 가고 있다
등에 짊어진 하늘은
몸의 일부로 투과하고
무수히 밟히는 모래는
쉬지 않는 햇살과 어울려
흔들리며 무너진다

사막 끝에 선 경계는
일찌감치 지평선을 지우고
능선을 세우는 모래바람의 굴레

안에 놓인 침묵은 주춤대고
빠르지도 느리지도 않은 보행
맨살에 안개가 훑고 지나간다

네온사인

울먹이는 소리 가볍게 줄여
풀섶에 섞은
카멜레온의 살빛 사연

골목을 나서면
민들레 향기로 엎드려 있고
어둠 내리면
서로 시샘하듯 오색 무지개 눈떠
이른 아침까지 아우성쳐대는
나팔꽃 잔상이여

스쳐가는 바람이기보다
만발한 꽃 쓰라린 햇살 밀고
들어서는 주막 빛나게
차가운 하늘 안고
뿌연 꽃불로 타오르는
칠흑의 메아리

노을은 바람을 탄다

바람의 언덕에선
머리카락과 억새는 하나다
제멋대로 흩어지는 머리카락은 궤도를 이탈한다
마구 들이치는 굵은 바람은
출입통제를 당한다
울어 보채는 풍차가 메아리를 보낸다
샹들리제가 걸린다
서쪽 하늘에 아름다운 색의 무리가 이동한다
붉은 숨을 쉬는 파도는 잠들 수가 없다
어우러질 대로 어우러진
붉은 단풍 입술이 푸른 입술과
지하철을 타고 간다
드러내는 속살은 앞다퉈 비명이다
한 겹 벗겨진 쇼윈도 거리를 지난다
질주하는 지하철은 날 선 촉각을 세운다
파고드는 시린 눈꼬리가 폭로전에 가담한다
내 돌아오지 못한 사랑은
흐드러진 꽃잎 떨어뜨리고 그리워한다
약속 장소를 잊어버린 푸른 바다가
산맥으로 들어간다

녹차와 마주 앉아

고단한 걸음 멈추고
푸른 물에 눈을 담고 싶다
낙엽이 치맛자락 펼치듯
서풍에 빛살로 내려앉을 때
뚜벅거리는 발걸음 소리
아프게 나타난다

제 빛깔로 퍼져가는 감염 속도에
파르르 떠는 잎새들은
그늘 뒤에 숨어 수증기를 보며
마른 눈물 속으로 감겨 든다

가끔 부르는 들국화 간직한 소리
살갗을 태우는 가을은
신비한 향기 띄운다
올올이 한 꺼풀 벗겨내는
지난 꿈 깨우는 시간과 마주한다

눈길에 서다

지난밤 흩뿌려대던 눈가루
마이산 아래
설원으로 신방을 꾸몄다

창밖에 비친 유리 연못을 따라
두 손 모아 걸어둔
하얀 눈물이 절로 차 올랐다

돌탑마다 주저앉은 이끼들
키워내는 소슬바람
흰 눈 속에 휘돌아갔다

눈꽃 빙수

빙벽이 울고 있었다
눈꽃은 낯선 눈 산을 헤매었다
눈 산은 뼈아픈 한 줌의 눈물을 내어주고
빙벽 아래로 흩어져갔다
내비게이션 지도는
미련의 행로로 사라져 갔고
안개비로 흐르는 국도에서는
내 슬픔 하나가 떠났다
흐르는 시간이 교통정리하러
내 목을 통과하고
어느새 내 속에 들어와 눈꽃이 쌓였다
익숙한 듯 서툰
초록 소나기를 맞고서야
죄 없는 바람으로 능선을 넘어갔다
여름이 가기 전
다시 또 찾을 것이다
가슴을 터놓는
이야기 한 줄기가 쏟아져 내릴 것이다

제2부 무지개 차를 마시며

눈물

손을 잡으라고 내미신다
아버지의 손
액자 속에서 아직 머무르고 있네요

마지막 병상에서조차
흔들림 없던 음성
살아생전 기억처럼
아름다운 별빛으로 내리고 있습니다

아버지
아버지라고 다시 불러볼까요
예리한 회상의 바늘에 아파 울고 있습니다

토해내는 젖은 한숨
저미는 가슴의 빈자리를 지나
허공으로 먼 길을 떠나고 있습니다

능소화가 말을 걸다

까맣게 잊은 채 오늘을 산다
언제나 고운 빛 향기로
하늘로 올라가는 능소화는
불볕을 안고 그대 곁으로 간다
기다림으로 길게만 느껴지는 하루가
허공에 파랗게 걸린다
나는 어머니 계신 요양원 길목으로 걸어간다
해맑은 그리움이 주홍빛으로 수놓는다
붉은 웃음 띈 시선으로
움푹 패인 기억을 더듬는다
보이지 않는 파란 하늘빛 눈물이 고인다
아스라한 향기는 사랑을 향해
살포시 내려앉는다
발걸음 소리가 꽃잎마다 머물 때마다
뻗으려고 해도 뻗을 수 없는 넝쿨
바람의 얼굴을 더듬는 시간이 흩어진다
환한 등불로 밝혀둔
말 없는 기억은 잠들지 못한다

다리

산들바람이 말했다
동그란 숲을 건너가며
산허리 편백나무들이 숨 쉬고 있어

눈가 주름지고 등 굽은 구름이 말했다
무지갯빛 어둠을 질러가며
하늘 너머 빛 소리가 들렸어

햇빛 수레를 끌고 간다

옷깃 세워
이제는 언덕을 넘고 강을 건너
바람과 구름은
하늘 다리에서
아픈 영혼 촘촘히 기워간다

다시 온 유월

먼동이 떠오르듯
포성이 들리던 대지 위
유월의 숨소리 스며든다

서로를 비벼대는 속 깊은 상처를
가리기 위해 까칠해진 마음으로
어제의 눈물자국 조용히 거두고

다시 일어나
꽃들은 다투어 먼저 피려
한 발짝씩 더욱더 힘을 주고
걸어가던 뒷모습이 장하다

소리 소문도 없이 푸르게 덧칠하기 위해
숨이 차도록 두레박질하면서
저문 시간은 레일 위를 쉼 없이 달려왔다

지금은 잠시 걸음을 멈추고
하늘을 바라보면
아 척박한 시간들
이제야 초록이 번졌다

들판을 걷다

한적한 시간을 허물고
구름은 흩어져
어느덧 풀섶에 누웠다

고창 죽림리 매산 마을
고인돌은 말이 없다
갈잎은 길 위에 깔리는데
바람 돌 흙은 말이 없었다

굳게 닫혀있는 문을 열고
짓누르는 무게를
환청처럼 싣고 있다

소리를 듣고 싶은
바람일까
잊히지 않고 목메는 수풀
찡한 바람 한 점
사알짝 여우비도 스쳐간다

등대섬 가는 길

미포 선착장 다가가기도 전
너울대는 햇볕과 즐거움을 조우할 때
바다가 띄운 은빛 비늘은 눈을 찔렀다

유람선을 띄우자
청담 빛 물 위에 줄지어 오수에 든 갈매기 떼
마린시티 쪽으로 담담히 비켜가는 또 다른 새
뭍에서 보는 광안대교는
길게 뻗은 하늘 다리 길처럼 보인다

물보라 소리에 귀 기울이는 동안
너울들 대화에 먼저 끼어든 어둠
바닷속을 검게 물들여 시계가 잠들고
한 조각 나뭇잎같이 낚시하는 보트만 떠있다

대답 없는 섬을 향해가는 뱃길
이기대 바위를 벌써 돌아 나왔을까
조미료 치듯 맛깔스런 유행가 가락
가슴 떨리는 해조음
물방울처럼 튕겨져 귀를 채운다

해원의 심연
파도는 지치지도 않는 목마른 숨결
경이로운 오륙도 하나둘 뒤로하고
안갯속을 묵묵히 지나오며
새 잎가지 움 틔우듯 숨을 고른다

마른장마 속에서

진득한 공기 후텁지근하게 퍼져나간다
이마에는 땀방울이 솟아나
습기 머금은 더위와 싸운다
짜증스럽게 들려오는 목소리
애꿎은 하늘에 욕을 하기도 했다

얼마 동안이었을까
가끔 공중을 헤집는 먹구름
창밖 도시의 하늘을 유랑하듯
끊임없이 맴돌다가
축대 갈라진 벽 틈, 쌓아 올리다 만
탑에서 머물다가
기를 쓰고 내리지 않는 비

종일토록 들판을 내다보고 있는
농부의 생각 속을 비틀고
진저리 치는 가슴 가슴앓이
떨어지지 않으려 발버둥 치던 빗줄기는
기다림 가운데를 돌파하는
태풍이 되었다

짐 내려놓고 몸부림치듯
길 밖의 길까지 후려치고
빗장 뚫어놓은 벼랑 끝
축축하게 젖은 목소리
풀리지 않는 바람개비는
마른 비의 노래로 흘렀다

모자

너는 그림자와 함께 살려고 하지는 않았지
그냥 얹혀살려고 했던 걸까
눈물 고인 가로등 불빛 따라
사막 버스 정류장 벤치에
잠결 부비고 앉아있다

정류장 노선버스들은
사람을 뱉고 삼키고
지하철 환승객들까지
춤추듯 끌어안는 속수무책
한바탕 신기루에 휘돌고 있는데

너는 쪽빛 섬 꼭대기에 앉아
꿈꾸는 역이 어디였더라
네가 온 곳
네가 온 뜻
뭉게구름이 대신 펼쳐 보이게 했지

멋진 패션
한 줄기 섬광 어린 조명 속에 쏟아졌지
사막에 핀 오아시스

무지개 차를 마시며

광안대교 저 끝 하늘가
무지개를 보았지
국지성 호우가 어둔 그림자 가득 품은 채
두 시에서 세 시 사이 지나쳐 간 후
어느덧 하늘에 흐르는 강은
소나기 변신을 멈추지 않았지

말끔한 흰구름 사이에
잠 속 연초록 여린 빛이 창백하게 흐르듯
순한 얼굴 내비쳤지
무지개 차를 마시는 순간
푸른 냄새가 떠오르고
하늘로 올려 보내는 가슴이 춤을 추었지

그대 그리운 날에
가볍게 올려다볼 수 있는 하늘에
무지개는 푸른 날개로 날아가고
비에 젖어도 지워지지 않는 빛깔
진하게 우려내도 지워지지 않는 순한 향기로
화선지에 수묵처럼 번져갔었지

바닥으로부터

하늘은 바닥이 어디인가
발 디뎌 서 있을 수 없는 구름
안개비로 눈앞을 자욱이 흐리고
떨어질 듯 떨어지기 싫어
지상의 봄꽃은
빗방울에 숨 가쁘게 몸부림치고
제 빛깔과 두견새 소리를 갈구한다

더는 아플 수 없을 만큼
길이 보이지 않는 두려움과
날아오를 수 없는 무거움을 가져다준다
유년기 숲으로부터
마모된 깨어진 달빛 조각은
바늘을 관통한 실이 되어
희미한 빛 너머 그윽한 풍경
항상 다른 바람 속 영상이 불어왔다
웃으면서 걸어 나오는
젖은 그늘

벽보 앞에는

바다는 밤새
뜬 눈으로 달려왔다
오래된 철길 따라
청사포 에는
말 네 마리가 있다
벽보로나마 살아
혈기 충천하고 있다
고비 사막 모랫바람 날리며

배가 떠나는 깃발
환호 젓는 날
바다는 파도를 펴올린다
신방을 차린 듯
솔개가 활기차게 날개를 한껏 펴고
개는 어긋난 선글라스
애꾸눈 같은 창문을 달고
허나 무량한 바다를 관망하며
기차가 머문 곳에
기다리고 있다

푸르게 꿈틀대는 포구

별똥별

그래 너였구나
솟구쳐 뿌린 불빛 한 줌
햇빛을 수놓던 하늘
푸른 별빛 손짓으로 다가온다
창문 열고 날아오를까
하늘과 땅 틈새 긴장의 벼랑
귀갓길 지각 변동에
쉬이 깊은 잠들기 어려워
별빛 찾아 우는 개구리
바람 속 별똥별 지나간 언저리
벌판 뛰어다니던 별은 새벽을 건너간다
햇살 비집고 노란 향기로 흐르는
안갯속 꿈이었나

봄의 잉태

비포장 도로는 시린 겨울에도 아무 말이 없다
메마른 자리를 찾아 앉고 싶으나 앉지 못하고
쏠소리바람 도는 사이
담벼락 아래 양지바른 곳을 독차지하여
마음 숨겨두고
마냥 베푸는 꿈을 파는 가게가 되고 싶다

오다가다
걸음들이 아플 수도 있고
삐걱거리다 주춤도 하겠지만
잉태하는 생명의 숨소리 가다듬은 처방전 들고
새로이 동트는 새벽
다시 오르는 꿈의 운동장
오는 임의 발걸음 소리만 들어도 그저 기쁘다

불빛 축제

광복동 거리에서 잠들었던 어둠은
종을 흔드는 겨울바람에 안긴다
숨 가쁜 변명 사이로 잡히지 않는
햇살을 보려는 별무리 심장을 태운다
허우적거리는 불빛 축제
각혈하며 무너졌다 치켜뜨는 눈썹
애매하게 하늘만 보는 온갖 유혹은
경쟁으로 나부낀다
나는 호기심으로 분주한 밀물 속을 따라간다
겨울 냉기를 누르는 입김으로 달구어진
불빛 입술을 내밀고
꼬마전구들은 급류를 탄다
해면을 떠난 불빛 언어들이
강렬한 지표를 선점하려 한다
불타는 분수는 붉은 입술을 탐닉한다
구름 속에 모아둔 환호성은
요동치는 파도에 휩쓸린다
거꾸로 매달린 채 혼절하는 어둠
물결 사이로 진눈깨비가 허물 벗듯
끈적이며 날린다

불의 춤

목청 높여 손짓한다
솔가지 밖으로 나와 뜨겁게 춤을 춘다
벼랑 아래로 뼈와 살이 엉겨붙는다
하늘로 오르는 절벽 길 비밀통로를 찾는다
아직 풀지 못한 노래는 쌓여있다
핏물에 갇힌 피라미드 바깥으로
달집은 속살을 드러내 놓는다
울음에 갇힌 그림자가 진동한다
쏟아내는 정월 대보름 모아진 두 손
흘러나온 꿈을 태운다
뒤틀리는 푸른 꿈
달빛은 가려움을 치료 중이다

붕어빵 잠을 깨다

잠을 깨지 못하며
꿈과 꿈 밖의 경계를 버티다
몽롱한 회전판에서 잉태됐다
어쩌다 눈 뜬 기억은
누군가 손안에 잡혀 있었다
겨울 벌판 휘몰아치는 눈발에
손으로 반죽되어 부풀린 다음
돌아가는 회전판 동작으로
뜨겁게 몸이 굳었다
내장이 팥고물에 묻혔다
언제 건져 올려지려는지
뜨거움에 돌아 눕기를 여러 번
피돌기를 멈춘 채
최면에 걸려버렸다
낮에 걸어온 골목에서
퇴출되지 않으려고
노란 봉지를 거부했다
키 작은 남자는
어깨에 쌓인 무게를

거리에 흐르는 물에 풀어넣고
지나가는 고통의 기억을
어둠 밖으로 떠내려 보냈다

블랙의 시간

문 두드리는 소리가 났다
땅으로 꺼진 눈을 부라린다
허우적대는 팔을 끌어온 발이
고무줄을 튕긴다
머릿속은 하얗게 엘리베이터를 타고
다람쥐보다 재빠르게 생각을 쫓는다
휘청거리는 어둠은
어지러운 꽃잎으로 날리고,
휘어진 밝음은 어느 순간 끊어져버린다
기로에 선 고요의 문이 열리고
불쑥 솟아난 푸른 암호를
화장실이 듣는다
휴대폰이 길을 놓친 게 아니다
고개를 돌린 휴대폰이
잃어버린 시간을 와락 끌어당긴다
수없이 떠다니는 푸른 스토리와
시원한 그늘에 붙들어 둔 사진들이
흥분 속에 잠긴다

땡볕에 지친 수많은 들꽃들이
두리번거리던 물길에서
가벼운 바람 길로
어깨춤추며 빠져나간다

비를 기다리며

날개 안쪽 깊이 문드러진 부채
요동치는 실루엣이다
땀범벅이 되어 온 몸으로
여름 끝자락은 갈팡질팡이다
익을 대로 익어버린 햇빛 줄기마다
뜨거운 입김은 쉬지 않는다
갈증은 속으로 흐르는 눈물을 삼킨다
공중에 매달린 먹빛 보약 같은 단물이
내게서 아주 높게 달아난다
달리는 버스 안 떠가는 흰구름이 재잘댄다
물기 마른 수건은
바람의 신음 소리를 채간다
시시각각 삐꺽이는 날씨는
말린 꽃 향기가 되어 돌아다닌다
한 가닥 떠밀리는 시간 속으로
장미 꽃잎이 흩날려간다
반쯤은 숨은 채 창백한 얼굴로
하늘 밑을 내려다보는
낮달의 도주가 시작된다

비를 맞다

하얗게 젖은 땀방울이다
긴 여름 끝 사이
땡볕에 기다리고 섰다가
튕기듯 함께 뒹구는 아이들 어울림
분수 비 바라보면
흐뭇한 한나절 땀방울이다

가녀린 나뭇잎 잎마다
마른 가슴은 소낙비 소리에 젖는다
벌판 끝 무지개 걸러 달려가 볼까
피로는 숨겨두고
빛으로 쏟아지는
다정한 숨소리를 들을 일이다

제3부 숲속 향기

사랑

나는 알았다
그윽한 차 한 잔에 눈높이 맞춰놓고
녹아든 향기로움
내가 읽었기 때문일까
꿈속의 바람을 너머 넘나들고 혹은 벗어나
때로 허용해 주리라

창밖 바람은 초록 짙은 향으로
무수히 반복하는 나이테를 꾸미고 있다
함께 흘러가거나
홀로 머물거나
자유로운 거리에서 물결친다

파도를 넘는 물거품처럼
돌아가야 할 슬픈 빗방울
삼킬 수 없는 유리창

살과의 전쟁

은밀한 살이 꿈틀거린다
어둠살 밀어 올릴 무렵
유혹하는 산해진미 먹방이
식욕을 풀어헤친다
눈길 피해 개찰구를 연다
함성이 뱃속에서
자꾸 둥글어진다
교체되어야 할 신호등
감지하지 못한다
입들이 열기를 토해낸다
혼미한 살들이 그네를 탄다
뒤뚱거리며
한 줄기 감격으로 뻗어 내린다
무게를 재는 순간 등급이 올라간다
가파른 신음이 터진다
삭히지 못한 반란이 시작된다

상처

담쟁이는 손이 아프다
지문이 다 닳도록
붉은 담을 오른다

추를 매단 듯 무거운 몸
암벽을 기어오르는 가쁜 숨
돌 틈에 핀 꽃을 본다

굳은 못 박혀도
한 손 한 손 뻗으며
그의 심장도 붉게
담을 넘는다

손바닥을 보다

애절한 기억 속
문밖 두드리는 바퀴 소리
쉼 없이 달리는 철길
어느 역에서부터 비추이던 시그널이던가

흔들리는 바다 품고
수평선 바라보던 유년은
단호한 걸음걸이로
해의 넓이와 달의 깊이를
가늠치 못한 채
숨찬 시간을 더해간다

수레바퀴 속에서
더디 가는 혹은 멈춰서는
휴식도 오싹한 얼음골에서
눈물로 훔쳤다

달리는 기차는
간이역 더듬어

종착역 도착할 때까지
눌러앉았던 기적 소리를 토한다
바람 저며 안은
웅크렸던 어둠도
순간 차창에 머물렀다 가는
낯선 햇살로 반짝였다

새벽 풀잎

풀잎은 그리운 언덕을 달린다
도시의 옷들을 훌훌 벗고 사는
새들이 둥지 튼 나무와
예쁘게 단장한 꽃이 있는 언덕

콧등을 스치는 바람
풀잎 위로 힘겨운 침묵이 감싼다
어둠 속에 고개 돌리고
좌우로 눈을 껌벅거려 본다

펄럭이는 그늘을 훔쳐가라고 부탁해도
뭉게구름은 흔들리며 떼 지어
변해가는 시간이다

이슬이 찾아와 현란한 옷을 입힌다
아침 해가 밀려와도
모르는 척 산기슭에 눕는다

소나기, 불볕 속으로

여름 한복판 하늘이 햇살을 삼킨다
폭염 주의보는 폭염 경보로
충분한 수분 섭취를 바라는 비명 소리가
가슴에 매달린다
숨도 제대로 못 가누는 포성이 울린다
배고픈 신호탄이
자꾸만 달아나는 도로의 차량을 밀고한다
굶주린 천둥소리는 식욕을 탐한다
자제할 수 없는 식탐으로
겁을 주는 번개는 조명탄을 쏜다
폭염을 폭파하기 위해
나는
긴박하게 쏟아지는 소낙비로 변한다
폭우는 강물에 한데 섞여 몸부림이다
금 간 유리창으로 드센 바람이
구름 밖으로 새어나가고
산간도로에는 가파르게 더운 김이 솟구친다
새 길 트인 지리산 끝자락 청학동은
몸살 앓는 하늘과 등을 기댄다

술추렴

비 온 뒤
회동 수원지를 거니는데
푸른 잎이 눈부시게 흩날린다

큰 나무가 걸음을 멈추고 있는 그늘 아래
막걸리에 파전을 곁에 두고
주말 농장이 익어가고 있다

하늘에는 터졌다 뭉쳐졌다
부풀어 오르는 웃음 항아리가 구름 되어
옛 고향의 서정을 흐르게 한다

물길 따라 손길 따라
술잔이 한 바퀴씩 돌 때마다
수원지 물빛은 정겨움에 짙푸르다

숲속 향기

저마다 푸르름을 뽐내는 계곡에
농염한 여름이 메아리로 젖는다

허브 랜드 콘서트 장 처마 끝
흐르는 물줄기는 수채화가 된다
계곡 물 위에 몸을 던지는
숲속 바람 사이로
화음을 튕기는 빗방울이 이어진다
향기로운 허브향이 배회한다
잃어버린 꿈 끝자락에 목이 메어
오히려 열망하는 여름에 갇힌다

내 앞에 들썩이는 풍경이
배내골에 앉는다

십이월의 말

십이월에는
까칠한 기운이 일어선다
희뿌연 안개가
지리산 고사목 밑동에서 피어오른다
그러다가 허술히 풀어져 버린다
산 깊은 속살이 찢기운다
인연을 돌아
좀체 만나지 못하는
노을 주변을 서성인다
머무르지 못하는 청둥오리 떼 울음은
하늘의 심장 가까이 들린다
초침이 살아 뛴다
칼바람에 따가운 정신은
놓쳐버린 바퀴를 돌린다
바람 갈피를 헤아릴 수 없다
소란으로 이어지는 말 말
도사려 있던 시간이 허둥댄다
나는
숨 고르기하며 고갯길을 간다

살이 마른 그믐달이
나뭇가지에 눈을 감는다
속속들이 곱다시 줄 서 오르는
읊조리는 소리 질척거린다

시간

삼월에 만발할 노랑 분홍 꽃들이
곳곳에 피지 않아도
이미 온 동네 꽃들끼리 봄이 왔다는 소식을
전파로 교환한다

목덜미 간질이는 미풍에
새싹들은 눈을 뜨고
아가들 발걸음 아장거리는데
애틋하고 아까운 계절을
되새김할 겨를도 없이
봄은 흐른다

잠깐 달리기를 멈추고 쉬어가고 싶지만
끝을 모르는
둥근 시계추들은 쉴 새를 주지 않고
지금도 무표정하게 달리기만 한다

시에 중독되다

충혈된 눈은
떠밀려가는 차를 본다
질주하는 본능을 가진 차는
홀리듯 매연 속을 통과한다
뜨거운 체온과 달리 나지막이
부풀어 오르는 가로수 가지 끝 흐느낌

네온사인이 빗줄기 어둠을 더듬고
독백 어린 독배를 들이킨다
꼭두새벽 어지러이 맴도는 되새김질
이삭 줍는 집착을 끌어안고서

동굴로부터
엄습하는 칼날 같은 촉수
벼랑 끝 마주 선 한 줄기 빛
아름다운 향기와
넉넉한 부드러움으로
한잔 축배를 비우고 싶다

아버지 산

언제나 그대가 그립다
새벽부터 부산을 떨던 웃음꽃은 기차를 탄다
입안에 맴도는 이름은 최면에 걸린다
불러보아도 바로 눈앞에 있지는 않다
가끔 사랑을 느끼는 커피 맛을
천천히 즐기고 있다
음미하는 추억은 힘든 채찍조차도 달콤하다
가방 속을 열어 그리움을 펴내어
수채화를 그린다
눈앞에 어룽대는 거품을 걷어내고
손발을 맞춘다
시냇물 끄트머리에 머문 사랑은
생두를 볶은 원두 향기를 내뿜는다
급류에서 때를 빼낸 마음은 샘물로 흐르고
조각 퍼즐 끼워 맞추는 기억은 아련히 되살아난다
들추지 않아도 솟구쳐 오르는 분노다
그대를 끌어안는다 두 팔을 벌려 가슴 가득
빛을 향해 호위하는 산이다
그리움이 가슴을 넘고 있다

2악장 바다에 가다

그대 부르지 않아도
내 길 밖의 연주를 들으러
광안리 바다에 간다

웃어주는 바다
내 시선이 머물 때마다
다른 모습으로 꼬리를 치켜든다
조용하다 점점 가파르다
다시 숨을 고른다
2악장 마지막을 몰고
바이킹 타듯 무섭기도 하고 즐겁기도 한
막다른 오르가즘에 다다른다

그대 만난 후
흐림에 맺혀있던 눈물이
뭉텅거리며 쏟아져 나온다
활짝 피워내는 설렘의 뱃길을 연다

안경을 닦다

한낮에도
침묵으로 가득 차 있었다
알지 못하는
뿌연 어둠의 고요였다
안경을 끼기 전에는

창문에 다가가
흘려보낸 억지웃음이
얼굴 가득 주름을 만들어 놓았다

마음을 비워버린 높아진 하늘 아래
수줍게 꿈틀대는 바람에
웃는지 우는지 모를 구름 꽃의 애교
가슴 뜨겁게 입가 미소 번져갔다

열린 창으로
신선한 바람이 눈을 깨웠다
안경을 찾아 안경을 닦았다
광안 바다 아스라이 멀어져 갈
수평선 너머에서 오는 광선을
그대로 온몸으로 얻었다

어둠에 젖다

잎 진 나뭇가지를 거칠게 흔들고 지나간다
포장마차 휘장은
금방이라도 날아갈 듯 위태롭다
보도 한쪽 엉성하게 둘러친
포장 안쪽은
흔들리는 조명이 밧줄이 된다
바람의 심술쯤이야 아랑곳 않고
자신의 상처만 아우성치는 짙은 안갯속이다
불통의 대화가 이어져간다
노점상 손 내미는 따뜻한 음성
위안으로 차오르는 술 한 잔이 건너간다
손사래 치던 헤진 삶을 집어삼키고
겨울 속으로 시치미 떼고 걸어간다

암운

파도는 보이지 않는 절벽을 향해간다
어느 틈엔가
뿌리의 울림이 거칠다
지축을 들었다 놨다
수심으로부터 막아설 높이를 찾는다
깊은 해일
낯선 그림자
폭행이 일어났다
누웠던 침대가 일어나고
책상머리에 앉아있던 의자가
오르락내리락한다
문상을 간 남자가 휘청거린다
컨테이너가 지나간 듯
안락한 땅의 기운조차 파문을 일으킨다
땅 바다 하늘도 내통하고 있다
창밖에 눈물 한 바가지 부딪혔고
땅은 흠뻑 젖을 대로 젖어
산비탈이 떨어져 내린다
물의 표지판따라 흙더미만 하류로

사방에 널린다
활성단층의 흔들림을 바다는 알려주지 않는다
몸을 움직일 때마다
거대한 파열음을 외면하는
남자의 파도는 어둡다
짙푸른 수초더미가 헤집힌다
하얀 한숨이 묶인다
숨겨진 무게를 단 낯선 그림자가
순식간에 벼랑끝까지 나를 몰아갔다

오페라 카르멘

그윽한 향기 장미꽃은 추파를 던졌다
유혹은 애증을 데리고 흘렀다
유명한 전주곡 '투우사의 노래' 는
검붉은 심장을 안고서 깊어갔다
매혹적인 집시 카르멘은
자유로운 새로 자랐다
아름다운 자태를 뽐내는 플라멩고였다
사모하는 노래가 잡힐 듯 말 듯 날갯짓했다
저물녘 등 떠미는 바람은
돌림노래 숲속에 있었다
오케스트라 솔바람이 귀를 간질였다
산길을 뒤덮은 마른 잎은
바람으로 몸을 부풀렸다
숨죽인 무대 위 얼룩진 그림자는 기우뚱거렸다
산을 내려온 중독된 향기는 절규하는 가시가 되었다

일터

밤새 꿈속에서 걷다 깨어나
출근길에 오른다
뒤틀린 공장 문에 걸려있는 지친 햇살
출근부에 영락없이 발자국을 찍고

괭이질해 대는 가슴속
사나이의 관자놀이 새로 돋은 정맥이 떤다
각오한 대로 정오를 지나
시곗바늘에 긁혀 진한 생 피 쏟고
기어 나오는 땀은
잔물결 일렁이듯 날개를 달고 내린다

소금에 걷 절은 햇살 흔적으로
다시금 도도한 파도는 구부러지고
내 가슴속으로 걸어 들어와
발끝으로 천천히 내일을 밀고 있다

제4부 카메라

장미

풍선은
흥얼거리는 노랫가락으로 날아간다
운동장에서 아이들 뜀박질은
숨 넘어가는 웃음소리로 난무하다
공간 속으로 오월이 들어간다
비와 바람에 눈감고 있던 장미는
망설임 없이
파란 하늘을 마신다
가슴 부푼 눈부신 햇살 아래
울타리를 감싸고 피어오르는
붉은 물결은
웃음 짓는 오월 향기로 피어난다

짐을 놓고

가끔은 떠도는 새가 되고 싶었다 얼결에 발버둥 쳐 뛰어가는 개 꽁무니 따라 날고 싶었다 저기 보이는 기차 뒤를 뛰어갔다 생각했는데 그만 놓쳐 버렸다 바다 아래로 가라앉던 머리가 하얗게 술렁이며 낮으로 달려갔다 어수선하던 가닥을 스스로 풀고 다음 역에 다가서는 징검다리를 놓았다 파도치는 가슴은 천천히 다음 시간을 붙들며 한 꺼풀씩 무장을 갖추었다 어슬렁거리던 어둠을 뚫고 있다 한밤을 움켜쥔 피라칸사스는 거리에서 붉볐다 겨울 별빛이 솟구쳐 내렸다 하늘만 바라볼 소망 꽃으로 간사이 공항에서 짐을 놓았다 줄지어 돌아가는 인파 속에서 눈을 들어 새로운 매듭을 연결 지었다 기차는 돌아가는 출구가 없었다

창 밖을 보며

아침을 담은 햇살은
힘센 물줄기를 추스린다
어둠에 막힌 가슴속을 태우며
나를 바라다보는 술기운이
창밖에 부끄럽게 피어난다
가을 산 그리메에
밀어 올린 꽃불은
진통이라는 이름으로 타올라
가을을 엮어 활개 친다
풍경화 아래
강이 풀어 논 음악을 듣는다
리모컨이 조종하는 낙엽 하나
자유로움 저기
미궁 속 붉은 음색은
바람의 손끝을 붙잡는다

책

사계가 돌아나가듯
종이 위에 쌓인 안개를 뚫고
혀 끝에 감도는 맛

봄나물 가늠할 수 없는 푸른 맛
팥빙수 어금니 시리게 하는 깊은 맛
전어구이 따뜻한 깨소금 맛
군고구마 귀퉁이 탄 맛

엄마 젖 냄새에 코를 파묻고
행간 사이로 걸어가는 맛을 따라
태양은 아름드리 숲을 채우고
책상 위에 숨소리는 낮아진다

철쭉

황령산 5월 철쭉
타오르는 가슴
사무치게 숲을 태우고
애타는 바람이 바다도 깨운다

눈에 타는 불꽃
붉은 와인 같은
몽롱한 향기 머금고
발아래 눈물마저 물들인다

푸른 물결 나래 펴고
손짓하는 봄 길 위로 걸어올
미소 띈 그대
설렘으로 맞이하고 싶다

친구

문득 멈추어서 보면
길은 어디로 나 있는지 알 수 없어
중간쯤일까
길의 끝일까
들려오는 바람의 안부를 들을라 치면

들에는 초록 짙은 향기로 가득하고
바람에 젖은 발자국
눈시울 붉어진 석양빛
돌아서는 등 뒤로
함께 오르는 담쟁이가 그립다

하늘로 올라가는 연두 넝쿨
꿈꾸듯 표정 없던 얼굴은 반납하고
가끔은 교신하여
풀 수 없는 빈 공간
따스한 손길로 채워주던 친구여

연인과 헤어져
잿빛 거리 출렁이는 길에서라도
내 마음을 휘감고 올라가는
푸른 담쟁이를 불러본다

침묵 속에서

지난여름
푸른 물기는 수액처럼 솟았다
가슴속 무늬는
출렁이는 황금빛 물결체였다

늦가을 어느 날
밑줄을 그을 새도 없이
무수한 비가 내렸다

비에 젖은 다음날
고조되던 환희는
터지지 않는 울음 속으로 사라져 버리고

낙엽은
몸 안의 모든 수액을
스스로 비워갔다
흐느끼는 듯 쥐어짜는 듯
춤사위는 치열한 저항이 더해갔다

제 살끼리 부대껴도
서로 상처 내지 않는 갈대에게
입술을 내밀었다
구름과 구름의 붉은 행간을
일렬로 날아가는
겨울 철새들 기류 속으로
오랜 침묵이 빨려 들어갔다

카메라

어쩌면
사라졌다간 되돌아오는
몽환의 한 조각

새침하게 웃는 모습
사랑스런 눈길만 담을 수 있다면
욕심일까
순간 포착은 렌즈를 부른다

환한 웃음 꿈꾸는 추억 시간
동심의 세계로 빨려 들어간다
지나쳐버리는 바람조차 잡으려
찰나를 붙든다

때아닌 가뭄에 쩍쩍 갈라진 논밭에도
눈을 떼지 못하고
무호흡증에 걸린 식물의 아픔을 걸러낸다

순간순간
너의 마음조차 들여다볼 수 있다면
거짓된 욕망일지라도
숨이 멎는 노을이 될 때까지
함께 살련다

카프리 섬

절벽으로 이어진 좁은 길을
깻잎 한 장 차이로
전율은 촛불처럼 내달렸다

솟구치는 죽음과도 같은 입맞춤
하늘로 올라가는
밝은 빛줄기는 환상을 넘어
파도 언덕을 돌아나갔다

생의 한 자락
코발트 빛에 서린
아이스크림 달콤한 맛의 향기가
간절한 천상에서
푸르른 풍경을 쓰다듬었다

용솟음치며
밀려오는 지중해 파도가
아나카프리 모든 하얀 언덕에
스르르 잠겼다

터널에서

석굴암 가는 토함산 터널에서
빛살 불꽃을 보았다
빨 주 노 초 파 남 보
부활을 꿈꾸며 새겨 넣었다
어둠에 걸어둔 무지개는
뜨거움을 간직한 채 화려한 기억을 더듬는다
타들어가는 입맞춤은
마음에 묵은 때를 벗기는
고즈넉한 들판으로 다가왔다
나는 들판을 걸어가며 장막을 거두었다
또 다른 시작을 알리는 무지개 터널에
사랑을 심었다
봄꽃은 터질 듯 어지러이 부풀어 올랐다

통도 뜰에서

넓은 뜰을 가르는
드라이브 샷을 날린다
동그란 하늘이
숲에 걸림 없이 사라진다
불시에
폭염은 특보를 띄운다
가릴 수 없는 파라솔이
모래 바닥 위로 꽂힌다
어둔 바람이
구름과 구름 속을 들추며
잿빛 달음박질한다
수문이
국지성 호우를 이기지 못해
홍수에 갇히고 만다
나뭇잎 하나
바람에도 흔들리고
땡볕에도 숨죽였다
고립된 슬픈 이야기가
이곳저곳 범람하고 있다

푸른 그림자

어깨 늘어뜨린 가로수와
기립 자세한 가로등은
희부연한 소리를 삼키고 있다
병든 연기가 움직이고
길게 누워있던 술 취한 남자가
고개를 든다
아침이 오는 경계를 바라보는 눈망울이다
눈썹을 꿈틀댄다
장미 가시 넝쿨로 엉킨
뿌옇게 밝아오는 붉은 눈빛이다
숨어 서있던
자동차가 출렁이며 흘러간다
지나가는 사이렌 소리가 파도처럼 연결된다
비를 흠뻑 머금은 여름 산은 푸른 얼굴빛이다
더 푸르러진 잎사귀들 사이로
젖은 새 울음소리가 다가온다
휘파람 공기 내보이며
나뭇가지에 찢어둔 옷 걸어두고
꿈꾸는 바람은
불투명한 행복을 여는
주문을 건다

푸른 발효

하얀 여백 위에서
꿈을 찾는다
오랜 기다림에 지친
방황이 발악한다
스탠드 불빛은
설익은 알몸을 드러낸다
잔소리 없는 시간이 앉아있다
어둠 빛
등 뒤 방문은 고집이다
점선 실선
선택은 빨간 신호등에 자꾸 걸린다
책갈피를 덮으라 한다
중심을 잃은 연무가
목덜미를 타고 내린다
발버둥 치던
허리를 잡고 일어선다
내려놓는 순간
푸른 발효는
하늘을 날지 모른다

풍비박산

말벌이 들쑤신다

흥분한 큰언니 벌은
전라도 전주로 달아난다
작은 언니 벌도 원주로 가고 없다
셋째 언니 벌은 진주로 쫓기고
나는 무주에서 울부짖는다
집이 있었다는 게
믿기지 않는다
벌들은 계속 배회한다
집이 없어졌는데도

고향집은 흔적이 사라져도
마실 나간 벌들이 모여든다
여왕벌은 집을 잃어
믿음도 없다
추억을 품은 가시가 돋아나
오늘을 공격한다

서리묻은 밤바람이다

한낮

태양이 유리 벽을 찌른다
통증을 피하고 싶은 눈빛이 희미해진다
아파트 난간을 타고 흐르는 땀방울들이
계곡 바위틈으로 떨구어진다
잎을 떨구던 가을이 떠내려온다
닳아빠진 공기가 부유한다
그늘을 감춰둔 편백 숲으로 다가간다
코끝으로 스미는 피톤치드 향에 포위당한다
몸체를 흔드는 나무들 사이로
새로운 시간은 빛으로 생성된다
실을 감았다 풀었다 뜨개질하는 햇살은
아무 말 하지 않는다
푸르름은 맑은 물에 카피된다
빛이 흔들거리고
눈물의 기도가 호수에 섞인다

홍엽에 취하다

선운사의 가을은 깊었다

바람과 비에 꺾이고
떨어지고
흙 속으로 파고드는
피곤한 우울에 가로 놓였다

잠들지 못한 마지막 숨결
스쳐가는 바람에
홍엽은 시름 덜어내기 위해
숨을 곳 가리고 살펴보아도
그래도 무르익은 바스락거리는 소리

꽃을 꺾지 않아도 낙엽이 깔렸다
시인들이 난무하고 있다
어제는 단비가 고였고
소리 없이 가랑비가 가을 향기에 끌려간다

숨은 시인의 노래를 찾는다

회상 길 위에 서다

산이 부르는 소리가 들렸다
장가계 천문산
하늘이 뚫려 보이는 그 문
구하고자 하는 게 무엇인지
골짜기마다 파닥거리는
아바타를 꿈꾸고 있다

강물처럼 끈처럼 보이는 길을 닦아
다다를 수 없을 듯한 하늘길도
곳곳마다 민낯을 드러냈다
새로 만든 길이 무엇이냐고
케이블카는 굳이 묻지 않는다
하늘 나는 구름 길 따라
눈웃음치는 새 길 포석해 놓고
어느 곳에나
심장 박동 소리를 겨루기한다

가슴속 떨리는 눈물이 그렁할 만큼
무릉원풍경구를 오락가락하는 환희

내 눈을 빼앗고
내 가슴을 빼앗는다

켜켜이 쌓은 돌산에 우뚝 서 있는
태고의 소나무 우러르며
원가계 원없이 올라가고
양가계 하늘에서 내려왔다

환승역

오월 장미 가시는 남아있다
환승할 역이 어디였나
낮은 목소리 두리번거린다
무거운 돌덩이 가슴에서 꿈틀대고
되살아나는 악몽이
대문 밖으로 나왔다
밤마실 가는 길
나무에 올라 탄 고양이를 보았다
어둠은 더 깊은 어둠이 되고
돌고 또 한 번 더 돌아도
확인시켜준 고양이 꼬리다
털어버리자
무엇에 씌어 있는 것일까
봄이 가거나 여름이 오거나
챙겨가지 못한 하루 힘없이 눕는다
시간 쪼개는 자 시름의 파도를 넘고
나는 내가 내릴 환승할 역에
당도했다

해설

감성적 언어로 풀어낸 대상과 자아 투영의 시의 미학

최영구(시인,문학박사)

I

시적표현의 특징은 확신을 하지 않는 데 있다. 훌륭한 시인은 어떤 경우든 확신을 꺼린다. 즉 시는 유의한 지식의 유형을 생산하기는 해도 외부 세계에 대한 어떤 제안을 하지 않는다. '통일된 진실'을 열망하는 지식 대상 그 자체이기 때문에 바깥의 일을 진술하는 통신의 진리를 제공하지 않는다.

시인은 어떤 신념을 옹호하는 것이 아니고 어떤 신념을 가진 것처럼 느껴지는 대상을 다만 설정할 뿐이다. 시는 우리의 신념을 요구하는 것이 아니고 우리를 모종의 경험 속으로 안내한다.

과학자가 정보를 전달하는 데 대해 시인은 경험을 전달한다. 경험에도 두 가지 개념이 있고 언어표현에도 두 가지

형식이 있다. 그 하나는 과학적 진술로 객관적 세계의 중립적 사실을 기술하고, 하나는 감정적 진술로 가치와 선호의 내적 세계를 표현한다.

시적 진술은 감정적 진술이라 할 수 있고, 이를 달리 가진술假陳述 혹은 의사진술擬似陳述 이라고도 한다. 이 진술은 사실의 객관적 상태에 대한 지식으로부터 자유롭거나 독립되어 있다. 시를 통해 얻는 지식은 어떤 사실이나 도덕적 판단이 아니라, 무엇을 이해하기 위해서 사용된 형식이나 문체의 경험이다.

다른 언어표현의 형태와 마찬가지로 시는 제안을 주장하기도 하고, 그와 동시에 마음의 상태를 극화하기도 한다. 현대시학은 근본적으로 직접적 경험의 시학이다.

시는 게시된 의미에 대한 느낌을 일깨워준다. 시가 정당하게 주장할 수 있는 유일한 진리는 감정적이고, 주관적인 진실이다. 시인은 개인적으로 구축한 '감정적 진실'의 세계에 안주하고자 한다. 이 세계는 시적 감정의 기반이 되는 것으로, 마술적이고, 신화적이다. 신화는 현실적으로 결합될 수 없는 것을 인위적으로 결합한다. 현실적 상황과 사건은 서로 맥락이 닿지 않는 모든 외부사항들의 죽은 집합체에 불과하다. 그러나 단지 상상력에 의해서 질서와 통일이 그 속에서 이루어질 뿐이다. 이 상상력이 신화와 접맥되어 있다. 시의 목적을 객관적인 진실에 두지 않고, 주위 환경과 맺고 있는 근원적인 동일성(상실된 동일성의 회복)을 추구하는 데 두는 것도 이 신화적 개념과 맥락을 같이 한다.

시인은 언어를 세계의 한 이미지로 다루는 데 비해서 산문가는 언어를 하나의 기호로 다룬다. 시가 주는 지식은 분명히 '의견'의 왕래와는 다르다. 그것은 이성적 심리에 의해 산출되는 것이 아니다. 시에서 표면상의 지각은 중요한 행위가 아니다. 대상의 의미를 직관적으로 보는 것이 중요하다. 이 직관으로 감지된 세계는 시적 표현상의 배열의 원리에 순종한다. 그것은 완강한 반대 명제 사이에서 발생하는 긴장으로 채워질 때 효용상의 상위를 점령한다.

송경희 시인의 시적 진술도 예외는 아니다. 송경희 시인의 시적 언어와 시의 특징은 앞에서 서술한 시의 언어와 표현적 특징들을 고스란히 재현하고 있다 해도 과언이 아니다.

II

양지쪽 쑥과 개망초가/ 길가에 싹을 틔우고
오랜만에/ 나를 가꾸어줄 설렘
새 창을 연다

새봄 신상이 나왔다
백화점 진열대에 놓인
저문 겨울 지나 마중 나온 모습
부동자세로 짓눌려/ 싸늘한 시선

수없이 옮겨 스쳐 지나갔을 가방
종이로 가득 채워진 속을 꺼내
필수품을 넣어줄 공간을 본다

봄이 오는 길목으로
가벼이 떠나는 외출

-「가방」 전문

아픈 발목을 끌며
흐르는 별에게 안부를 묻는다
까만 창으로 깜박이던 조명은
시동 거는 술잔에 떠있다
눈꺼풀 아래로 중력이 빠져나간다
가로막힌 어둔 벽이 걸어나온다
거리감이 어디만큼인지 이마가 뜨거워진다
졸고 있는 바다 끝을 접어보아도
숱한 파도들이 몰려든다
뒤집히며 깨어나는 문자가
무방비로 손등 위에 떨어진다
허리를 유연하게 돌리며/ 바람 사이를 떠다닌다
별을 깨워 출구를 찾는다
센서가 바뀌는 방향 따라
고갯짓을 하는 어둠이다
눈물이 날개를 달고
단풍나무 등 뒤로 순간 이동한다
가슴에 엉킨 기억은
땅으로 흩어지는 순간/ 비눗방울 튀어 오른다

-「가벼움을 꿈꾸다」, 전문

먼저 시적 진술을 밀고 가는 힘이 이정도 라면 당차다 할 것이다. 수평으로 수직으로 전후좌우로 거리낌 없이 발휘되는 상상력 또한 놀랍다. 가방의 외출로부터 발휘되는, 여정에서 시작되는 서정을 초의식의 시처럼 밀고가고 있다. '오랜만에/ 나를 가꾸어줄 설렘/ 새창을 연다'외출이 이정도의 시적 진술의 수준이 되기까지는 상당한 수련과 인내가 필요했을 것이다. 외출 후의 진술을 다양한 방식으로 변형시킴으로 낯설게 하기도 가능해진 것이다. 가방의 외출은 곧 서정적 자아의 외출이기도 하다. 외출 후의 과정을 초월적 변형으로 끌고 가 자동화된 사고의 상투형을 파괴시켜 자아와 현실에 대한 관습적 반응들을 새롭게 하는 인식의 지평을 열고 있다. 시 「가방」은 그런 과정을 통해 서정의 깊이를 더한다. 역시 시인의 역량이 유감없이 발휘된 시다.

빙벽이 울고 있었다
눈꽃은 낯선 눈 산을 헤매었다
눈 산은 뼈아픈 한 줌의 눈물을 내어주고
빙벽 아래로 흩어져갔다
내비게이션 지도는
미련의 행로로 사라져 갔고
안개비로 흐르는 국도에서는
내 슬픔 하나가 떠났다
흐르는 시간이 교통정리 하러
내 목을 통과하고

어느새 내 속에 들어와 눈꽃이 쌓였다
익숙한 듯 서툰
초록소나기를 맞고서야
죄 없는 바람으로 능선을 넘어갔다
여름이 가기전
다시 또 찾을 것이다
가슴을 터놓는
이야기 한 줄기가 쏟아져 내릴 것이다

-「눈꽃 빙수」 전문

'빙벽이 울고 있었다' 이 시는 첫 행부터 예사롭지 않아 보인다. 빙수 집에 앉아 빙수를 주문하고, 빙수가 화자의 앞에 놓이고, 그렇게 빙수를 넘기고 음미하는 전 과정이 서정화 된 시다. 그렇게 보면 그저 평범한 과정이요 경험이다. 하지만 송경희 시인은 그 과정을 자기 정서로 시화한다. 자기 나름의 서정으로 인상적인 한 편의 시로, 시의 진술로 멋진 서정을 빚어낸다. 우리는 이 시를 통해 빙수를 맛보는 게 아니라 빙수에 대한 감칠맛 나는 멋진 서정을 맛보게 되는 것이다. 그런 맛은 시인이 아니면 창조되기 힘든 과정이다. 그게 시인의 창조적 힘이요 능력이라 할 것이다. 먼저'눈 산은 뼈아픈 한 줌의 눈물을 내어주고'이어서'안개비로 흐르는 국도에서는/ 내 슬픔 하나가 떠났다'이 두 행에서 화자 '나'는 누구일까? 시인 자신일 수도 있고 빙수가 된 얼음 그 자체일 수도 있다. 시는 항상 그런 애매성을 내포한다. 시이기 때문이다. 그래서 시적 언어라 말하는 것이다. 송경희 시인은 그런 민감한 시적 언어를 구사한다. 읽을수록 시적 즐거움을 느끼게 하는 시다. '초록 소나기를 맞고서야/ 죄 없는 바람으로 능선을 넘어갔다'시는 그렇게 인상적인 언어여야 한다는 것을 이 시행들이 말해준다.

'시의 목적을 객관적인 진실에 두지 않고, 주위 환경과 맺고 있는 근원적인 동일성(상실된 동일성의 회복)을 추구하는 데 두는 것도 신화적 개념과 맥락을 같이 한다.' 앞에서 시적 표현의 특성을 언급하면서 논의한 말이다. 사실 시적 언어는 신화이상이라고 말하고 싶다. 송경희 시 「눈꽃 빙수」도 그런 경우다.

> 손을 잡으라고 내미신다
> 아버지의 손
> 액자 속에서 아직 머무르고 있네요
>
> 마지막 병상에서조차
> 흔들림 없던 음성
> 살아생전 기억처럼
> 아름다운 별빛으로 내리고 있습니다
>
> 아버지
> 아버지라고 다시 불러볼까요
> 예리한 회상의 바늘에 아파 울고 있습니다

토해내는 젖은 한숨
저미는 가슴의 빈자리를 지나
허공으로 먼 길을 떠나고 있습니다

-「눈물」 전문

시 「눈물」은 목소리의 진정성, 직진성이 돋보이는 시다. 아버지의 영정 앞에 선 큰 슬픔에도 감정은 절제된다. 슬픔과 거리두기에 성공한다. 시에서 감각적 언어는 기존 세계에서 새로움을 찾고 조직하는 축이다. 이미지를 쌓고 묘사로 압축하는 시 쓰기는 시인에게 필수적인 것이다. 사방과 전후좌우를 확장하고 수렴하는 시적 진술의 표정이 예사롭지 않아 보인다. 시 「눈물」은 그런 의미에서 성공한 작품이다. 시가 슬픔의 정서든 기쁨의 정서든 그런 시적 정서의 수준을 획득하기 위해선 이 시에서처럼 거리 두기에 항상 유념해야 한다. '아버지의 손이 아직 액자 속에 머무르고 있다'는 말, '아버지/ 아버지라고 다시 불러 볼까요' '저미는 가슴의 빈자리를 지나/ 허공으로 먼 길을 떠나고 있습니다.' 시인이 아니고서는 그만한 시적 진술을 이끌어 내기도 힘들 것이다. 눈물이란 시제의 직접적 언급은 어느 곳에도 보이지 않는다. 그러면서도 눈물의 정서는 도처에 배어난다. 그게 시 「눈물」의 개성이요 시적 표현의 묘미다.

그윽한 향기 장미꽃은 추파를 던졌다
유혹은 애증을 데리고 흘렀다

유명한 전주곡'투우사의 노래'는
검붉은 심장을 안고서 깊어갔다
매혹적인 집시 카르멘은
자유로운 새로 자랐다
아름다운 자태를 뽐내는 플라멩고였다
사모하는 노래가 잡힐 듯 말 듯 날갯짓했다
저물녘 등 떠미는 바람은
돌림노래 숲속에 있었다
오케스트라 솔바람이 귀를 간질였다
산길을 뒤덮은 마른 잎은
바람으로 몸을 부풀렸다
숨죽인 무대 위 얼룩진 그림자는 기우뚱거렸다
산을 내려온 중독된 향기는 절규하는 가시가 되었다

-「오페라 카르맨」 전문

오페라 카르멘을 산사에서 들었을까. 그 감동의 여운이 시에서 전이된다. 감동의 여울이 다양한 사색의 서정으로 고조된다. 오페라 카르멘과 함께한 주위의 분위기도 한껏 서정의 여울을 타고 있다. 여러 시적 정서를 포용한 깊은 여울을 만난다. 그러면서도 시적 감정을 이미지로 쌓아 시적 정서를 새롭게 더한다. 감각적 기동력, 순발력도 돋보인다. 사람들을 놀라게 할 만한 미사여구나 구문 없이도 시적 가능성을 이미지로 조용히 밀고 가는 진술의 힘을 느끼게 하는 시다. '매혹적인 집시 카르멘은/ 자유로운 새로 자랐다'에서처럼 대상에 진정한 시적 언어를 불어넣고자 한다. '저물녘 등 떠미는 바람은/ 돌림노래 숲 속에 있었다'에서처럼 대상을 자기만의 눈으로 읽어내려 노력하고, 그 이면까지 풀어내어 상호 연대하고자 시도하는 시인의 노력이 읽히는 대목이다. 이 시의 주목할 만한 시적 표현은 그 외에도 '산길을 뒤덮은 마른 잎은/ 바람으로 몸을 부풀렸다' 등 더러 눈에 뜨인다.

석굴암 가는 토함산 터널에서
빛살 불꽃을 보았다
빨 주 노 초 파 남 보
부활을 꿈꾸며 새겨 넣었다
어둠에 걸어둔 무지개는
뜨거움을 간직한 채 화려한 기억을 더듬는다
타들어가는 입맞춤은
마음에 묵은 때를 벗기는
고즈넉한 들판으로 다가왔다
나는 들판을 걸어가며 장막을 거두었다
또 다른 시작을 알리는 무지개 터널에
사랑을 심었다
봄꽃은 터질 듯 어지러이 부풀어 올랐다

-「터널에서」 전문

시 「터널에서」의 수사는 내포적이다. 이차적 또는 연상적인 의미와 감정의 영역을 포함해 보여주고 있다. 한 단어의 내포는 이차적 의미의 잠재적 영역이다. 여러 내포 중 어느 것이 환기되느냐 하는 것은 그 단어가 사용된 문맥에 달려 있다. 시는 전형적으로 단어의 외연적 의미는 물론 어느 내포적 의미도 문맥을 만들어 낸다. 이 시의 경우처럼 말이다. '토함산 터널에서/ 빛살 불꽃을 보았다'에서 '불꽃'은 외연적 불꽃일 수도 있고, 내면세계의 불꽃일 수도 있다. 그런 의미에서 내포적이라는 말이다. 좋은 시란 우리가 그 시에서 발견할 수 있는 모든 외연과 내연의 완전한 조직체인 시의 긴장감이라고 하겠다. '나는 들판을 걸어가며 장막을 거두었다/ 또 다른 시작을 알리는 무지개 터널에/ 사랑을 심었다'도 그러한 예라 하겠다.

하얀 여백 위에서
꿈을 찾는다
오랜 기다림에 지친
방황이 발악한다
스탠드 불빛은
설익은 알몸을 드러낸다
잔소리 없는 시간이 앉아있다
어둠 빛/ 등 뒤 방문은 고집이다
점선 실선/ 선택은 빨간 신호등에 자꾸 걸린다
책갈피를 덮으라 한다
중심을 잃은 연무가
목덜미를 타고 내린다
발버둥 치던/ 허리를 잡고 일어선다
내려놓는 순간
푸른 발효는 / 하늘을 날지 모른다

-「푸른 발효」 전문

시 「푸른 발효」는 언뜻 보아서는 시상이 무엇을 의미하는 지를 알아채기 힘들다. 다양한 해석이 가능하다. 이 시에서 어떤 시상을 읽어내느냐는 독자의 몫이다. '발효'는 화학반응으로 새로운 변화에 이르게 하는 과정이다. '하얀 여백'이라는 말이 이 시 시상의 단서일 수 있다. 시를 발효시키는 과정이라 읽어도 좋을 듯하다.

이 시에서의 시어는 지적 절서의 규범이 허용하는 한계 내에서 일탈적이고도 이질적인 언어 결합을 통해 일상어 속에 잠재적으로 내재된 내포적 탄력성을 최대한으로 확장시킨 언어이다. 그런 확장을 통해 시적 예술성과 미적 측면을 확보한다. 또한 이 시의 진술은 가능한 한 다의성, 내포성, 암시성 등을 동원하고, 그런 것들로 이룬 다의성을 속성으로 하고 있다. '꿈을 찾는다/ 오랜 기다림에 지친/ 방황이 발악한다'에서 발효작업은 시 창작 과정일 수도 있다. 시를 위한 발효를 다른 관점에서 보면 생각의 덩어리들, 타자에 대한 자아의 열정과 기분과 감정들, 타자를 대하는 이름 붙일 수 없는 사소한 기분과 감정들이 그 작업을 이끌게 하는 것이다. 그것이 시인이 시도하는 시 창작의 과정의 작업일 때 더욱 그러하다. '내려놓는 순간/ 푸른 발효는/ 하늘을 날지 모른다'는 시구들을 보면 더욱 시작과정에 비견될 법하다. '푸른 발효'만큼 시작에 비견될 만한 표현도 없을 듯하니 말이다.

오월 장미 가시는 남아있다
환승할 역이 어디였나
낮은 목소리 두리번거린다
무거운 돌덩이 가슴에서 꿈틀대고
되살아나는 악몽이
대문 밖으로 나왔다
밤마실 가는 길
나무에 올라 탄 고양이를 보았다
어둠은 더 깊은 어둠이 되고
돌고 또 한 번 더 돌아도
확인시켜준 고양이 꼬리다
털어버리자
무엇에 씌어 있는 것일까
봄이 가거나 여름이 오거나
챙겨가지 못한 하루 힘없이 눕는다
시간 쪼개는 자 시름의 파도를 넘고
나는 내가 내릴 환승할 역에
당도했다

-「환승역」 전문

시 「환승역」에서 '환승'과 '역'을 결합한 '환승역'의 '환승'의 내포적 의미는 무엇일까. 확연하지는 않다. 이 시를 읽으며 유추해 보면, 환승은 전환과 같은 의미로 읽을 수도 있다. 우리의 삶은 환승의 연속이다. 계절의 환승, 구체적으로 말하면 봄에서 여름으로의 환승, 기쁨에서 슬픔으로의 환승, 행과 불행의 환승, 절망과 희망의 연속인 환승, 낮에서 밤으로의 환승, 평민에서 권력과 부에로의환승, 그 역인 권자에서 하향의 환승, 성공과 실패의 환승 등 우리의 삶은 그런 환승의 연속이라 해도 과언이 아니다. 오늘은 나를 절망하게 했으나 내일은 희망에 벅찬 날이 될 수도 있다. 그런 환승도 있다. 지난날은 실패했으나 이제는 성공으로 들뜰 수도 있는 법이다. 그런 삶의 환승도 있는 법이다. 혹자는 이 시를 읽고 환승을 그렇게 어렵게 읽을 필요가 있겠는가라고, 환승을 의미 그대로 역에서의 환승으로 읽으면 되지 않겠는가라고. '밤마실 가는 길'을 보면 그렇기도 하다. 우선 그렇게 읽는 일이 우선이어야 한다. 하지만 우리는 시적 진술의 한 특성으로 애매성을 든다. 시가 애매성 없이 한 가지로 읽힌다면, 그런 시는 뻔한 정서에 갇힌, 닫힌 시가 되고 만다. 어쨌거나 '문학현상은 독자와 텍스트 사이의 변증법'(M. 리파떼르)이란 말이 실감난다. 시는 더욱 그렇다.

시 「환승역」을 읽으면서 송경희 시인의 시적 표현의 특징은 물론 시적 수사를 통해 사방과 전후좌우를 확장하고 수렴하는 시적 진술의 표정과 암시성도 확인할 수 있다. 그리고 그가 시를 대하는 유연한 마음의 깊이도 함께 읽힌다.

Ⅲ

마지막으로 송경희 시인의 여러 시에서 찾아볼 수 있는 또 다른 시적 표현과 정서적 특징들을 짚어보고 평설을 마무리하고자 한다.

송경희 시인의 시들은 대체로 암시적이다. 지적 통어력으로 시를 통제하고 있기 때문이다. 그런 언술적 힘이 시의 맛을 더한다. 송경희 시인은 대체로 대상에 진정한 시적 언어를 불어넣고자 한다. 대상을 자기만의 눈으로 읽어내려 노력하고 대상의 이면까지 풀어내어 시와 연대시킨다. 그럴 때, 그의 시는 더욱 내포적이며 함축적인 시가 된다.

그리고 자신과 조우한 대상 혹은 현상을 향한 애착을 노래하면서도 나아가 대상의 본연과 재회하기 위해 끊임없이 언어를 동원한다. 그런 과정을 통하여 대상물 속에 깃들인 속성과 바깥의 나를 함께 응시하고 사물과 그들이 거느린 풍경 속에 자아를 투영해 보여주기도 한다. 그래서 그의 언술은 사뭇 진지해지기도 한다. 그게 송경희 시인의 언어와 시의 풍경이기도 하다. 아울러 그런 언어의 동원을 통하여 작정한 듯 세계의 안과 밖을 속속들이 맛보려 한다. 그러한 점들이 또한 송경희 시인의 시적 특성이라 하겠다.

그런 의미에서 송경희 시집 『무지개 차를 마시다』는 독자들에게 많은 영감을 줄 것이라 믿는다.

송경희 시집
무지개 차를 마시며

인쇄일: 2017년 11월 23일
발행일: 2017년 11월 30일

지은이: 송경희
펴낸이: 최경식
펴낸곳: 도서출판 청옥문학사
인쇄처: 세종문화사

등록번호 제10-11-05호
E-mail: sik620@hanmail.net
전화: 051-517-6068

값 10,000원

ISBN 978-89-97805-65-5 03810

이 도서의 국립중앙도서관 출판예정도서목록(cip)은 서지정보유통지원시스템 홈페이지(http://seoji.nl.go.kr)와 국가자료공동목록시스템(http://www.nl.go.kr/kolisnet)에서 이용하실 수 있습니다.(cip2017031185)